Les règles **écologiques** de la famille

Texte : Marion McGuinness
Illustrations : Sophie Bouxom

MANGO

Sommaire

Le poster

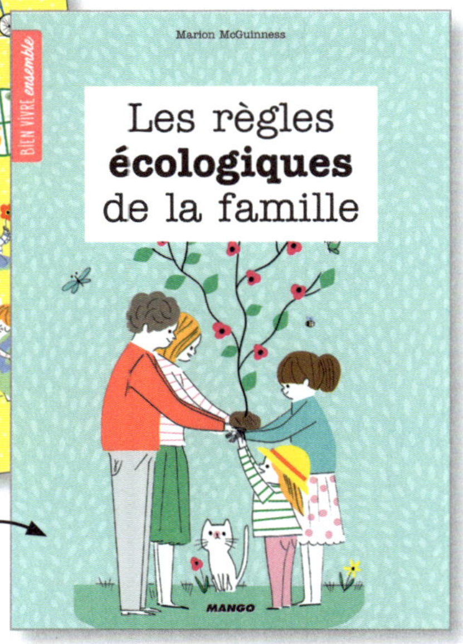

Le livre

Marion McGuinness se passionne depuis plus de dix ans pour le domaine de la périnatalité, de la maternité et de la parentalité, dans une approche physiologique, bienveillante et scientifique.

Maternante moderne, elle travaille chez elle pour suivre au mieux le rythme de ses enfants. Elle est auteur de guide pratiques et traductrice anglais-français pour des maisons d'édition.

Retrouvez-la sur Twitter (@maxibestofmcmam)
et facebook (@marionmcguinnessauteure).

Mode d'emploi

Découvrez des règles écologiques à l'usage de toute la famille pour une vie de famille responsable et engagée !

Dans le livre, vous trouverez :

- 15 règles, chacune en une phrase (la même que sur le poster) ;
- une illustration pour aider les plus petits à comprendre la règle ;
- une page de détails et d'explications théoriques sur ce qu'englobe la question ;
- une page d'ouverture avec des exemples concrets et des astuces ou conseils.

Et le poster ?

La jaquette du livre se déplie en un poster sur lequel on retrouve les règles du livre accompagnées d'illustrations.

L'accrocher à la vue de tous permet de s'approprier ce règlement, de l'ancrer dans une routine quotidienne, d'associer ses gestes quotidiens à ceux des personnages dessinés. On peut s'y référer, s'y reporter en cas de blocage ou de tensions, il peut être le support de discussions et d'échanges.

Afin que chaque membre de la famille se sente impliqué et concerné, il est important que le poster soit accroché à un endroit de passage régulier : par exemple le salon, la porte de la cuisine ou des toilettes...
Pensez à adapter la hauteur à l'âge de vos enfants : si le poster est trop haut, ils ne pourront pas le voir et se rappeler les règles par eux-mêmes !
Idéalement, laissez le livre à portée du poster, il sera ainsi plus facile de se pencher sur une règle en particulier pour mieux comprendre ce qu'elle implique.
Vous pouvez laisser le livre sur la table basse ou installer une petite étagère sous le poster pour l'y poser.

L'éducation à l'écologie

L'écologie, c'est quoi ?

L'écologie, c'est d'abord une science : celle qui étudie les relations entre les êtres vivants (animaux, végétaux...) et leur environnement.

Depuis quelques dizaines d'années, une deuxième définition s'est développée : il s'agit d'une envie de protéger la planète et l'environnement de toutes les sources de pollution causées par l'être humain et son activité (notamment industrielle).

L'écologie devient alors une position politique et humaniste, un « combat » pour certains, afin de préserver la nature, limiter, réduire ou même supprimer les dégradations et nuisances causées par l'être humain, qui mettent en péril de nombreux animaux, végétaux ou écosystèmes.

On parle ainsi de « conscience écologique » quand l'humain prend le parti de la nature et n'agit plus égoïstement, en ne pensant qu'à lui-même.

Quel rôle a la famille ?

La famille est la première société de l'enfant : c'est auprès de ses parents, frères, sœurs (et plus encore !) qu'il développe ses valeurs.

L'éducation à l'écologie est cruciale, car notre planète est malade de notre présence et de toutes nos activités polluantes.

Connaissez-vous par exemple le « 7e continent » ? C'est une énorme étendue de déchets plastiques qui flotte dans le Pacifique... Les courants océaniques forment des tourbillons à certains lieux du globe, et les déchets s'accumulent ainsi en différents endroits. Le 7e continent plastique, c'est en fait plusieurs plaques de déchets dans différentes mers du monde.

Vous vous dites peut-être que vous n'y pouvez pas grand-chose, mais vous vous trompez ! **Une des devises des défenseurs de la nature est : « penser globalement, agir localement ». Et quoi de plus local que son propre foyer ?**

L'écologie naît d'une prise de conscience, de l'acquisition de connaissances, du développement d'un certain regard sur le monde.
Le rôle de la famille est donc central, car c'est ensemble que nous grandissons : en tant que parents, en tant que fils et filles, en tant que citoyens. L'éducation à l'environnement est une urgence et une nécessité, pour la planète mais aussi pour notre propre bien-être immédiat.

Retrouver le contact avec la nature, lui redonner une place centrale dans les apprentissages humains et pédagogiques des enfants, c'est aussi leur assurer un développement optimal et une bonne santé. **Tout commence à la maison !**

Les valeurs écologiques

Au même titre que des valeurs éducatives « positives », les valeurs écologiques s'inscrivent parfaitement dans un projet familial.
L'écologie, ça s'apprend !

Les 15 règles présentées sur le poster et dans ce guide reposent sur certaines valeurs positives familiales :
- la générosité et l'empathie ;
- l'autonomie et la responsabilisation ;
- l'engagement personnel et la persévérance.

Un plan d'action écologique

Pour que cette aventure soit la vôtre et que l'écologie devienne pour chaque membre de la famille une « seconde nature », il est indispensable de définir vos valeurs écologiques à vous.
Pour cela, il peut être utile d'écrire un « Plan d'action écologique ».

Asseyez-vous tous ensemble et réfléchissez à ce que l'écologie veut dire pour vous, ce qui vous gêne ou vous déplaît (chez vous ou ailleurs), ce que vous pensez être important de changer, de quelle manière vous estimez pouvoir faire ensemble une différence.

Les petits ruisseaux... font les grandes rivières !

En se recentrant sur l'essentiel on change notre façon de voir le monde – ce qui est important ou pas –, on se laisse moins envahir par la publicité et le cercle infernal de la consommation et de la croissance.
Grâce à ce Plan, votre maison deviendra un havre de paix sans excès, sans pression extérieure, sans surconsommation ni course aux possessions.
Votre famille accédera à un mode de vie plus simple, plus sain, qui permet à chacun de s'épanouir dans ce qu'il a de plus unique, de vivre selon des valeurs humaines en pleine conscience.

Au fil de vos lectures ou découvertes, vos idées et avis pourraient évoluer : n'hésitez pas à vous réunir régulièrement pour faire le point sur votre Plan et adapter vos actions, en respectant toujours les valeurs écologiques de votre famille.

Par exemple, votre Plan d'action pourrait être : « Réduire nos déchets et manger mieux, pour être en meilleur santé » ou « Réduire notre consommation d'énergie pour faire des économies et investir dans des produits plus sains ».

Il n'y a pas de bonne ou de mauvaise réponse, il y a uniquement vos envies et votre « chemin vert ».

Les 15 règles sont là pour vous guider et vous soutenir dans votre démarche.

Les règles de la maison au quotidien

Pourquoi des règles ?

Les règles sont un socle positif et motivant pour vous porter et vous guider dans votre démarche écologique.
Elles ne sont en aucun cas un couvercle pour vous écraser, vous juger ou vous contraindre.

Chaque famille est unique et il est impossible de parler de chaque situation. Inspirez-vous de la page de gauche pour adapter la règle à votre mode de vie.
Demandez-vous tous ensemble : qu'est-ce que ça veut dire pour notre famille ? Qu'est-ce que ça implique ? À quoi devons-nous être vigilants ou sur quoi devons-nous faire des efforts ? À quoi sommes-nous déjà vigilants ?

Faites de ces règles celles de VOTRE famille. Adaptez-en l'application. Il n'y a que de cette façon que vous réussirez à les accepter et à les suivre naturellement, parce qu'elles seront comprises, acceptées et estimées.

Ces règles, on a le droit de...
- les lire quand on veut ;
- les regarder et les toucher ;
- les critiquer.

Et, bien sûr, on peut :
- poser des questions ;
- décider d'aller encore plus loin ;
- prendre un autre chemin et inventer d'autres règles.

Ces règles s'appliquent à toute la famille, car bien sûr tout le monde a une voix, tout le monde a des droits et des devoirs.

Zoom sur le rôle des parents

- Montrer l'exemple : les enfants apprennent par imitation.
- Rappeler les règles, en particulier juste avant de devoir les appliquer.
- Mettre les règles à la disposition des enfants (hauteur, notamment).
- Rendre les règles accessibles au développement psychomoteur des enfants ; les exigences s'adaptent à l'âge des enfants donc on ne demande pas la même chose à chacun.

Zoom sur le rôle des enfants

- Faire de son mieux selon son âge, son autonomie.
- Demander de l'aide si besoin.

Est-ce vraiment pour nous ?

Certaines règles vous sembleront des évidences et d'autres seront plus difficiles à mettre en place ; elles seront sources de davantage de résistance au sein de votre famille.

Prenez le temps de faire le bilan de votre mode de vie ainsi que de vos forces et faiblesses pour encourager vos forces et vous en servir pour vous motiver (voir « Un Plan d'action écologique », p.7).

Certaines règles ne vous concernent peut-être pas, plus ou pas encore. Il est important d'en parler en famille. Peut-être avez-vous déjà fait des choix permettant de mieux vivre en accord avec la planète : il est essentiel de partager votre cheminement et votre déclic.

Il n'y a pas une seule façon de bien faire : adopter un comportement écologique en ville et à la campagne ne se traduit pas par les mêmes actions. Il faut donc adapter son engagement à son mode de vie.
Par exemple, en ville, il pourrait s'agir de s'inscrire à une AMAP ou de placer des fleurs et une maison à abeilles maçonnes sur le balcon ; à la campagne, de faire son propre pain pour éviter de prendre la voiture et d'aller à la boulangerie tous les jours.

Comment mettre les règles en place… et les respecter ?

Notre cerveau n'aime pas trop les révolutions. Il a tendance à se braquer quand on veut changer son fonctionnement habituel. Soyez indulgent envers vous-même et les autres. Changez vos habitudes au fil des jours, des semaines et des mois. Allez-y doucement, étape par étape.

C'est ainsi que chaque nouvelle façon de faire deviendra, sans même que vous y preniez garde, une bonne habitude.

L'objectif n'est pas d'être le meilleur mais juste meilleur que la veille. Et demain vous ferez mieux encore.

Si vous ne savez pas par quoi commencer, tentez les défis mensuels en famille !
Il s'agit de choisir une chose à changer, de s'engager et de persévérer jusqu'à ce que cela devienne une seconde nature. Une fois la nouvelle habitude acquise, on en choisit une autre.Pensez évolution et non révolution !

Que faire si une règle est enfreinte ?

- voir si la règle a bien été comprise ;
- en parler ensemble calmement ;
- ne pas culpabiliser ni accuser ;
- chercher une solution qui convienne à tous ;
- s'entraider et se soutenir en cas d'échec.

La meilleure façon d'éviter que des règles soient enfreintes reste de changer de perspective... et d'encourager les comportements souhaités ! Pour cela, il est important de célébrer ses réussites.

Célébrer ses réussites

Pour rester motivés et avoir chaque jour envie de suivre les règles de votre famille, il est important de savoir célébrer le positif, d'encourager les efforts et la persévérance. Avant de vous lancer dans cette grande aventure écologique en famille, pourquoi ne pas noter certains chiffres qui vous permettront de vous rendre compte de vos progrès au fil des mois ?

- Pesez vos sacs poubelle de la semaine (ou du mois).
- Relevez vos compteurs gaz/eau/électricité ou regardez sur vos factures le détail des consommations.
- Analysez le contenu de votre réfrigérateur, de vos placards (ce que vous jetez, le nombre de produits emballés, industriels, etc.).
- Observez les compositions des produits d'hygiène : savez-vous ce qu'il y a dedans ?

Organisez régulièrement des « conseils de famille » pour parler des règles et des nouvelles installations (bacs de tri, composteurs ou mousseur sur le robinet), pour faire des zooms sur une règle peu suivie ou le bilan d'un défi.

Une année de défis écologiques en famille

Janvier
Chaque jour, sur le chemin de l'école ou du travail, on s'engage à ramasser un déchet dans la rue : un emballage plastique, un morceau de papier... Attention à ne rien ramasser de dangereux, appeler la mairie si besoin !

Février
C'est encore les soldes, mais en avez-vous vraiment besoin ? Ce mois-ci, aucun achat de vêtement ou d'objet neuf... En cas d'urgence, chercher une solution : prêt ou achat d'occasion.

Mars
On réduit la facture d'eau en prenant des douches de moins de 5 minutes ! Il vous faudra un minuteur de cuisine, un peu de volonté et c'est tout. En plus, on coupe bien l'eau quand on se brosse les dents !

Avril
On oublie les paquets de biscuits aux ingrédients parfois douteux, bourrés de sucre ou d'huile de palme. Une ou deux fois par semaine, préparez un gâteau simple (le quatre-quarts se conserve bien !) ou préférez le classique pain-beurre-chocolat !

Mai
Ménage de printemps rime avec désencombrement ! On trie et on donne à une association les vêtements, jouets ou meubles qu'on n'utilise plus. Interdit de jeter à la poubelle ! Un peu cassé ? On trouve une ressourcerie ou un lieu de réparation (comme le « Repair Café »).

Juin
Le soleil est de retour, il fait chaud et le linge sèche vite. Alors ce mois-ci on n'allume pas le sèche-linge. On étend tout au soleil, on ouvre les fenêtres et on laisse les vêtements et la literie prendre une bonne odeur de printemps.

Juillet
Après utilisation, on pense à remettre tous les mitigeurs sur la position « froid » pour éviter d'allumer le chauffe-eau à chaque tirage. S'il pleut, on récupère l'eau dans des seaux pour laver la voiture ou arroser les plantes.

Août

On prépare la rentrée des classes en limitant les achats : on trie les affaires de l'année précédente et on récupère et réutilise tout ce qui peut l'être, du cartable aux crayons de couleur. On garde les vieux cahiers pour les dessins à la maison.

Septembre

On réduit notre consommation de produits jetables en refusant les échantillons aux caisses des supermarchés et les pailles en plastique au restaurant. On remplace l'essuie-tout par des lingettes lavables ou des torchons.

Octobre

Aucun produit suremballé ce mois-ci : si un aliment ou un produit a un double emballage, d'abord individuel, puis dans un paquet, il n'entre pas chez vous !
Trop facile ? Tentez le vrac ! Pour l'épicerie, c'est tellement facile : pâtes, riz, céréales, chocolat...

Novembre

Dehors il commence à faire froid, pour autant inutile de transformer la maison en île hawaïenne ! On limite le chauffage à 19 °C en journée, on ferme bien les portes et les fenêtres (hors aération matinale de 10 minutes au minimum), et la nuit on baisse le chauffage à 17 °C. Des frissons ? On enfile un pull et on pose des plaids sur le canapé !

Décembre

C'est le mois de la tentation pour la consommation... On fait le choix de cadeaux d'occasion, immatériels ou maison pour Noël !

Mois bonus :

Aïe, aïe, aïe, un défi ne vous convient pas du tout ? Pas de panique, remplacez-le (mais ne le jetez pas !).

1. Un repas végétarien par jour ! Pour le déjeuner ou le dîner, choisissez de cuisiner autrement, en découvrant de nouvelles recettes (de saison) sans viande ni poisson. Trop facile ? Pourquoi ne pas essayer de supprimer tout produit animal (crème, œuf, lait...) ?

2. Choisissez une association et engagez-vous : que ce soit pour une journée ou plus, engagez-vous pour la planète et participez à un groupe plus grand que votre famille. Ensemble, on va plus loin, et ça peut être une bonne idée pour rester motivé.

règle n°1

On consomme moins mais mieux

BON BIO BOUTIQUE
PRODUITS
LOCAUX
100% BIO

De quoi s'agit-il ?

Acheter est un acte aussi puissant que voter ! Devenez donc consom'acteur et consom'actrice.

Il ne s'agit pas de s'empêcher de consommer, mais **de le faire le plus intelligemment possible, en étant donc un « acteur » de sa consommation.**
Être acteur, c'est être actif, et donc ne plus subir les pressions de la société ou des médias, notamment des publicités, pour nous faire acheter tout et bien souvent n'importe quoi.

En famille, réfléchissez à un mode de consommation conscient, qui replace l'achat dans un cycle plus large : les conditions de fabrication, la création de nouveaux déchets, le recyclage (ou non)...
En prenant le temps de vous poser ces questions, vous aurez naturellement plus tendance à vous tourner vers des produits écoresponsables et éthiques de qualité.

Quand on privilégie la qualité, on se détourne souvent naturellement des produits en plastique qui sont rapides à produire, peu chers, mais de qualité souvent limitée et à la durée de vie courte.
Sans oublier que si un produit vous semble être une « bonne affaire », car il est vraiment peu cher, c'est peut-être que les conditions dans lesquelles il a été fabriqué ne sont pas très morales. Ainsi, la production intensive de coton (pour produire toujours plus de vêtements à bas prix) est extrêmement polluante car les processus sont accélérés par des engrais chimiques.

Consommer moins mais mieux c'est donc :

- réfléchir à ses besoins et aux différentes alternatives possibles pour trouver le meilleur produit ;
- accepter de mettre plus d'argent dans un produit qui durera plus longtemps et qui respecte la nature et ceux qui l'ont conçu ;
- ne pas se laisser tenter par les sirènes de la surconsommation et des achats compulsifs.

Ouverture sur le sujet

4 questions pour un achat en pleine conscience

Avant d'acheter un nouveau vêtement ou un jouet, par exemple, posez-vous quelques questions.

1. Ai-je vraiment besoin de ce produit ?

2. Puis-je le trouver d'occasion, et donc limiter l'impact sur l'environnement ?

3. Dans quelles conditions le produit a-t-il été fabriqué ?

4. Si ce produit vient remplacer un autre, qu'allez-vous faire de celui-ci ?

Côté cuisine, consommer moins mais mieux semble parfois difficile : cela implique de modifier notre manière de cuisiner et de manger, et le prix des produits bio fait parfois peur (mais est de plus en plus accessible !).

Consommer moins de viande, c'est bon pour la planète – car l'élevage est très polluant et nécessite de nombreuses ressources (comme l'eau) – et pour la santé.

Ça permet aussi de faire des économies afin d'acheter de la viande locale de bonne qualité ou de remplacer des produits classiques par des produits bio. La viande apporte des protéines : de nombreux aliments en sont riches, notamment les légumineuses (lentilles, haricots rouges, etc.), le tofu, les graines, les oléagineux...

Choisir une pâte à tartiner sans huile de palme, par exemple, peut s'avérer un peu plus cher sur le ticket de caisse, mais c'est meilleur pour la santé (et au goût !) et permet de refuser de participer aux immenses déforestations qui privent de leur habitat naturel les orangs-outans.

Astuce

Pour consommer moins, pensez au partage entre voisins ou amis ! Au lieu que chacun achète une tondeuse, un appareil à raclette et une perceuse bon marché mais de mauvaise qualité qui ne serviront pas souvent et seront vite jetés, les achats sont répartis entre chaque personne et chacune investit dans un produit de qualité durable qui sera partagé.

règle
n°2

On optimise notre consommation d'eau

De quoi s'agit-il ?

Pensez à tous les moments de la journée où vous utilisez de l'eau : pour vous laver, préparer à manger, tirer la chasse d'eau, arroser les fleurs... sans compter les appareils électroménagers qui en utilisent, comme le lave-vaisselle. L'eau est partout, et il est souvent très facile d'oublier à quelle point elle est précieuse, car il nous suffit d'ouvrir un robinet pour qu'elle coule !

Pourtant, dans de nombreux pays, l'eau est une denrée rare. Nous avons beaucoup de chance, car l'eau est indispensable à notre survie et l'arrivée de l'eau courante dans nos maisons nous a permis d'atteindre un niveau d'hygiène et de confort incroyable.

Savez-vous qu'en moyenne une personne consomme environ 150 litres d'eau potable par jour ? Cela fait 100 bouteilles d'eau !
La plus grande partie de cette eau est utilisée pour notre hygiène (douche, toilettes, etc.) et le nettoyage (lave-linge, vaisselle, etc.), et moins de 10 % pour notre alimentation (préparation des repas et boisson).

Quelques chiffres de consommation moyenne

- Chasse d'eau : 3 à 6 litres
- Douche : 60 à 80 litres
- Lessive : 35 à 60 litres
- Lavage de la voiture : 200 litres

Une petite fuite d'eau peut avoir de lourdes conséquences : un simple robinet qui goutte, et ce sont 120 litres d'eau perdus chaque jour !*

La bonne nouvelle, c'est qu'il est possible d'optimiser notre consommation d'eau en :

- évitant de gaspiller cette ressource ;
- en réutilisant l'eau que nous faisons couler ;
- en adaptant notre logement pour réduire notre consommation ;
- en prenant conscience de sa valeur et de sa rareté.

*Sources : CIEAU / ADEME.

Ouverture sur le sujet

10 gestes simples pour une consommation d'eau plus intelligente !

Des habitudes simples et vraiment rapides à prendre, pour les plus petits comme les plus grands !

1. Couper l'eau quand on se lave les dents.
2. Installer un réducteur de débit d'eau au robinet et sur le pommeau de douche.
3. Arroser les plantes avec l'eau récupérée du sèche-linge.
4. Prendre des douches plutôt que des bains.
5. Utiliser une chasse d'eau à deux vitesses.
6. Installer un collecteur d'eau de pluie pour laver la voiture.
7. Régler un chronomètre sur 5 minutes pour une douche.
8. Relever le compteur d'eau le soir puis au réveil pour repérer une fuite.
9. Faire la vaisselle avec des bacs remplis, sans laisser l'eau couler.
10. Privilégier les appareils électroménagers économes en eau.

Saviez-vous qu'en France nous faisons pipi… dans de l'eau potable ?

- Alternative 1 : choisir une chasse d'eau à 2 vitesses.
- Alternative 2 : impossible ? Mettez une brique ou une bouteille (pleine) dans la chasse d'eau. L'espace utilisé permettra d'économiser à chaque chasse l'équivalent du volume de la bouteille.
- Alternative 3 : installer des toilettes sèches au fond rempli de sciure, sans odeur, à vider régulièrement.
- Alternative 4 : faire pipi sous la douche… voilà qui est à la portée de toute la famille !

règle n° 3

On fait attention à notre consommation d'énergie

De quoi s'agit-il ?

Comme l'eau, l'électricité est un acquis auquel on ne réfléchit pas : on appuie sur un bouton... et ça marche !
Pour autant, **ce geste n'est pas anodin, et derrière chaque interrupteur ou prise électrique se cache tout un réseau de production et de distribution qui produit des déchets et qui peut coûter cher.** Ce n'est pas parce que l'électricité ne se voit pas qu'elle ne produit pas de déchet ! C'est une « pollution invisible ».

Sans perdre en confort, il est tout à fait possible de prendre de bonnes habitudes pour avoir une consommation d'électricité réduite et ainsi moins polluer... et faire des économies.

Quand on parle d'énergie, il n'est pas question que d'électricité. On peut se chauffer (l'eau et/ou la maison) aussi :

- au fioul, le plus polluant et aux tarifs très fluctuants ;
- au gaz naturel, réputé moins cher que l'électricité ;
- au bois, dans la cheminée ou un poêle, sous forme de bûches ou granulés ;
- à l'énergie solaire, en installant des panneaux sur le toit, la solution plus propre.

On ne peut pas toujours choisir le type de chauffage de notre logement, mais il est toujours possible **d'éviter le gaspillage d'énergie !**

Notre consommation d'électricité + notre consommation de chauffage = notre « empreinte énergétique » à la maison, c'est-à-dire l'impact que notre consommation d'énergie a sur la planète.
Pour l'optimiser, nous pouvons agir :
- au moment de l'achat ou de l'installation en choisissant des produits à faible consommation ou un mode de chauffage plus écologique ;
- au quotidien, en utilisant l'énergie avec parcimonie, et uniquement en cas de besoin.

Ouverture sur le sujet

25 gestes pour économiser l'énergie

1. Utiliser des chargeurs solaires, notamment pour les petits appareils
2. Faire sécher le linge à l'air libre dès que c'est possible
3. Ouvrir les volets dès le lever du soleil pour ne pas allumer de lampe
4. Nettoyer souvent le réfrigérateur et congélateur
5. Éviter les jouets à piles ou batteries
6. Vider régulièrement son dossier « courrier indésirable » et « corbeille »
7. Éteindre la lumière quand on quitte une pièce
8. Choisir des ampoules à basse consommation adaptées à la pièce
9. Ne pas chauffer et aérer une pièce en même temps
10. Limiter le chauffage à 19 °C en journée, 17-18 °C la nuit
11. En cas d'absence prolongée, couper le chauffage ou mettre sur « hors gel »
12. Après les courses, retirer les emballages avant de ranger au réfrigérateur
13. Mieux isoler : les déperditions de chaleur se font par les toits, murs, fenêtres
14. Éviter de préchauffer le four à vide, notamment pour les cuissons longues
15. Mettre un couvercle sur la casserole d'eau qui bout
16. Éteindre les interrupteurs des multiprises
17. Ne pas laisser branchés un chargeur « à vide » ni un appareil chargé à 100 %
18. Laisser le mitigeur du robinet sur le côté « froid »
19. Ne pas laisser les appareils en veille mais les éteindre complètement
20. Privilégier les lessives à 30 °C au maximum, et toujours tambour plein
21. Essorer le plus possible le linge s'il doit passer au sèche-linge par la suite
22. Ne pas laisser la télévision allumée en fond si personne ne regarde
23. En été, baisser les volets pour rester au frais sans climatiseur ou ventilateur
24. Décongeler les aliments au réfrigérateur et non au four micro-ondes
25. Choisir le mode « éco » du lave-vaisselle : plus long mais moins énergivore

Les nouveaux fournisseurs d'énergie « verte »
En plus d'un choix de plus en plus large d'énergies renouvelables (solaire, géothermie...), il est désormais possible de choisir d'acheter de l'énergie « verte », c'est-à-dire produite à partir de ressources renouvelables, comme l'eau (hydroélectricité), le vent (éoliennes) ou le solaire. Un choix engagé pour la planète !

règle n° 4

On limite le gaspillage alimentaire

MENUS
couscous
quiche
gâteau chocolat
riz
vendredi
jeudi
mardi
lundi

De quoi s'agit-il ?

En 2013, le gouvernement a défini officiellement le gaspillage alimentaire comme « toute nourriture destinée à la consommation humaine qui, à une étape de la chaîne alimentaire, est perdue, jetée, dégradée »*.

En France, le gaspillage alimentaire est estimé à 10 milliards de kilos de nourriture, soit 20 kilos de déchets par an et par personne, dont 7 de produits encore emballés ! Bien sûr, ce chiffre concerne toutes les étapes, de la production de la nourriture jusqu'à sa consommation.

Il est possible de limiter, à notre échelle, certains types de gaspillages. En choisissant d'acheter dans des filières courtes (par exemple directement au producteur), qui privilégient la qualité à la quantité produite, vous participez à réduire le gaspillage alimentaire. En effet, les invendus y sont moindres et vous acceptez les fruits et légumes « imparfaits » ou mal calibrés.

Au supermarché, il peut également s'agir de piocher dans les bacs « à consommation rapide » des produits en fin de vie, de plus en plus nombreux. Mais c'est bien sûr à la maison qu'il est encore plus facile de limiter voire de supprimer le gaspillage alimentaire !
Réduire son gaspillage alimentaire, c'est une question économique, éthique mais aussi environnementale : vous diminuez aussi vos déchets !

On s'informe avant de jeter !

Il faut bien savoir faire la différence entre les dates dites « de péremption » :
- « Date limite de consommation » ou « à consommer jusqu'au » = le produit n'est plus consommable après la date indiquée ;
- « Date de durabilité minimale » (nouvelle version de la « Date limite d'utilisation optimale ») ou « À consommer de préférence avant le » = le produit peut être consommé après la date sans risque pour la santé.

*Source : Pacte de lutte contre le gaspillage alimentaire, ministère de l'Agriculture.

Ouverture sur le sujet

6 règles pour ne plus gaspiller dans la cuisine

1. Réduire les portions individuelles : il vaut mieux se resservir plutôt qu'avoir « les yeux plus gros que le ventre ». On a en effet plus tendance à jeter des restes d'une assiette que d'un plat.

2. Conserver les restes : que ce soit dans les assiettes familiales ou le plat, ne jetez pas et stockez-les dans des récipients fermés. Pour ne pas les oublier, le mieux est de noter sur le réfrigérateur ce qu'ils contiennent.

3. Donner et partager : il reste du gâteau au chocolat au lendemain de la fête ? Il est possible de l'emporter pour le partager au travail. Un plat de lasagnes sur les bras ? Pourquoi ne pas l'offrir à ses voisins ?

4. Congeler le surplus si votre réfrigérateur est déjà plein ou que vous avez vraiment trop de restes. Collez une étiquette sur chaque récipient pour indiquer la date de préparation et le contenu du plat.

5. Rédiger sa liste de courses à partir d'un planning de repas pour éviter d'acheter des produits qui ne se cuisinent pas ensemble ou en trop grande quantité.

6. Préparer des quantités suffisantes... mais pas plus ! Sachez repérer la consommation moyenne de chaque aliment pour chaque personne. Par exemple : 80 à 100 g de pâtes/riz/semoule (avant cuisson) par adulte, 40 à 60 g par enfant.

Zoom sur...

Les Disco Soupes : ce sont des rendez-vous festifs et musicaux ouverts à tous, un peu partout en France, pour préparer et savourer ensemble des soupes (ou salades de fruits, smoothies, etc.) et sensibiliser au gaspillage alimentaire. Les fruits et légumes utilisés sont des rebuts ou invendus... Preuve est donc faite que des produits imparfaits peuvent être consommés !
Plus d'infos : http://discosoupe.org/

règle n° 5

On privilégie le fait-maison

2 citrons + eau chaude = nettoyant pour les vitres
eau + vinaigre blanc + citron = nettoyant multi-usage
huile d'olive + sucre bio = gommage
eau + vinaigre blanc + bicarbonate de soude = anticalcaire

De quoi s'agit-il ?

Dans différents domaines du quotidien, les produits « tout faits » achetés en supermarché nous donnent l'illusion d'un gain de temps immense. C'est tellement pratique et rapide, n'est-ce pas ?

Pourtant, l'empreinte environnementale des produits industriels est considérable, car à la fois leur production, leur distribution et leur dégradation (recyclage ou non) consomment de l'énergie et produisent des déchets.

Le temps éventuellement gagné n'est pas forcément mis à profit pour plus de moments de qualité : souvent, acheter tout fait, c'est pour aller plus vite… et vivre plus vite, trop vite, tout le temps !

Faire des produits maison, seul ou en famille – parents et enfants ou entre frères et sœurs –, permet de :
- prendre conscience des produits utilisés, de leur impact global ;
- découvrir le vrai goût des choses, et être souvent moins « difficile » ;
- partager des activités manuelles qui ont du sens et sont utiles à tous ;
- réduire les déchets (emballages, publicité…) ;
- contrôler la qualité des ingrédients, alimentaires ou autres (sucre, sel, etc.) ;
- réduire la pollution due aux produits nocifs (additifs, perturbateurs endocriniens, etc).

Les produits faits maison sont tout aussi bien alimentaires (biscuits, plats cuisinés…), hygiéniques (dédorant, dentifrice…) que nettoyants (détergents, pastilles W-C…)

Si le fait-maison pour tout est bien souvent impossible, optez en complément pour les circuits courts et artisanaux qui proposent des produits « comme à la maison » plus sains et naturels. En vente directe vous limitez aussi les déchets liés aux emballages (palettes, cartons, produits de calage) et au transport des marchandises.

Ouverture sur le sujet

Faire soi-même, ce n'est pas forcément compliqué ! On a pris l'habitude d'acheter tout faits des produits et on ne sait même plus ce que leur version « artisanale » est censée contenir.
Savez-vous quel est le principal ingrédient actif d'un dentifrice ? Ou d'un nettoyant anticalcaire ?
On a l'impression de devoir dépendre des industriels pour nos besoins quotidiens... Pourtant, il y a de grandes chances pour que vous ayez déjà dans vos placards tout ce qu'il faut pour fabriquer des produits sains, économiques et écologiques pour tous les jours et toute la famille !

Voici quelques recettes faciles pour votre hygiène personnelle et l'entretien de la maison. C'est particulièrement important car n'oubliez jamais : tout ce qui passe dans le trou de la douche ou dans les toilettes finit dans la nature !

Gommage visage maison :

- 3 cuillerées à soupe d'huile d'olive extra vierge (ou une autre huile de votre choix)
- 3 cuillerées à soupe de sucre non raffiné ou de marc de café bio

▶ Mélanger le tout dans un petit pot en verre propre ;
se conserve fermé une dizaine de jours.

Nettoyant multi-usage sans rinçage :

- 50 cl d'eau du robinet
- 25 cl de vinaigre blanc
- 10 gouttes d'huile essentielle de citron, de lavande ou d'arbre à thé

▶ Mélanger le tout dans une bouteille ou un pulvérisateur propre et conserver à température ambiante.

Produit anticalcaire :

- 1 l d'eau
- 1 grand verre de vinaigre blanc
- ½ verre de bicarbonate de sodium

▶ Mélanger, imbiber une éponge (ou pulvériser au spray), frotter et rincer.

Nettoyant vitre :

- Le jus de 2 citrons
- ½ litre d'eau chaude

▶ Mélanger, imprégner une boule de papier journal et nettoyer avec des mouvements circulaires. Essuyer avec une boule de papier journal sèche.

règle n°6

On réduit et trie nos déchets

De quoi s'agit-il ?

Réduire et trier nos déchets sont les deux facettes d'une même optimisation des déchets à notre échelle familiale : au moment de leur arrivée dans la maison et de leur départ, après utilisation.

En tant que consommateurs, ce sont les deux étapes sur lesquelles nous avons le plus de pouvoir :
- nous pouvons choisir d'acheter des produits qui ne feront que peu de déchets ;
- nous pouvons optimiser leur traitement après usage (recyclage, compostage...).

4 règles simples pour limiter les « futurs déchets » à la maison

1. Préférer les achats en vrac, en apportant ses propres contenants réutilisables.

2. Penser à avoir toujours dans son sac ou la voiture des sacs en tissu ou réutilisables.

3. Privilégier les achats en magasin et non par correspondance.

4. Refuser les produits suremballés ou à l'emballage excessif non recyclable.

Le suremballage, quelle folie !

Avez-vous déjà vu des portions individuelles emballées et recouvertes d'un autre emballage ? C'est ça, le suremballage. Utilisant souvent du plastique, il ne sert à rien, si ce n'est à polluer.

De son côté, le tri permet de valoriser au maximum les déchets qui n'ont pas pu être évités. C'est pourquoi il est important de choisir des produits aux emballages recyclables !
Installez des poubelles ou bacs pour les différents déchets, selon les règles de votre commune. Et pour que toute la famille puisse participer pensez à coller sur le dessus des poubelles des images des différents types de produits à jeter.
Par exemple, un bac bleu pour le papier, avec une image de journal/magazine/dessin.

Ouverture sur le sujet

Où jeter ?

Parfois, on jette à la poubelle car on ne sait pas vraiment quoi faire de nos déchets.
Ne vous êtes-vous jamais demandé : « Où jeter ça ? » ou « Que faire de ça ? »
- Les boîtes de médicaments et déchets de soins : pharmacie.
- Les piles : boîte de récupération à l'entrée des supermarchés vendeurs.
- Les ampoules : boîte de récupération à l'entrée des supermarchés vendeurs.
- Les vieilles casseroles, poêles, etc. : déchèterie.
- Les gros cartons : déchèterie, ou en morceaux, avec emballages recyclables.
- Pots de peintures et vernis : déchèterie.
- Vêtements peu ou pas abîmés : conteneur associatif, point de collecte.
- Vêtements ou textiles très abimés : poubelle d'ordures ménagères.
- Bouchons : à laisser sur les bouteilles ou à donner à l'association Bouchons d'amour.
- Huile de friture ou de vidange : déchèterie.

Zoom sur le compostage !

Comment ça marche ?

Dans un grand bac, dans le jardin, les déchets organiques sont grignotés par des vers de terre et, au fil des mois, un engrais naturel est produit. Vous pourrez l'utiliser par exemple pour votre potager familial !

J'y mets quoi ?

Les épluchures ou restes de fruits et légumes, les filtres (non blanchis), marc de café, les sachets de thé (sans agrafe), le pain dur, les restes de plats cuisinés végétariens, les feuilles mortes, le papier journal (non glacé), des coquilles d'œuf (en petits morceaux).
À éviter : la viande, les produits laitiers, le gras, les matières synthétiques, le liège, etc.

L'ami des appartements : le lombricomposteur !

Pas d'extérieur ? Pas de panique ! Pour les petites surfaces ou les appartements, il existe un composteur compact à poser dans un coin de la pièce (les toilettes par exemple, ou la cuisine). Ce composteur, appelé aussi « vermicompostière », ne dégage aucune odeur et ne salit pas ! Il contient en général entre 500 g et 1 kg de vers.

règle n°7

On choisit des produits sains pour la maison

AIR PUR
VENT FRAIS
10 MINUTES PAR JOUR
ON AÈRE !

De quoi s'agit-il ?

Saviez-vous que dans de nombreux cas la pollution intérieure est supérieure à la pollution extérieure ? Cela veut dire que l'air que nous respirons chez nous, là où nous nous sentons en sécurité et à l'aise, est d'une moins bonne qualité que l'air extérieur !
Pourtant, on parle souvent de la pollution extérieure, elle se voit (et se sent !) facilement : la fumée des pots d'échappement, des usines ou des chaudières, l'épandage de pesticides, la combustion de déchets qui produit des déchets toxiques. Alors, en matière de pollution intérieure, de quoi parle-t-on ? Si un des membres de votre famille est asthmatique, par exemple, c'est une question à prendre très au sérieux pour sa santé immédiate. Mais, pour tous, **un air intérieur de mauvaise qualité rime avec soucis de santé (migraine, toux, irritations...) et pollution globale pour la planète.**

La pollution intérieure se cache notamment dans nos produits d'entretien, de construction, de décoration, nos meubles et textiles.
En choisissant des produits sains pour la maison, vous vous assurez que votre foyer est vraiment un havre de santé pour toute la famille !

Il convient d'être à la fois vigilant concernant :
- le choix des produits qui entrent dans votre maison ;
- leur utilisation en respectant bien les conditions indiquées ;
- l'entretien du logement le cas échéant (comme la cheminée, la VMC ou la chaudière).

L'INPES, dans une brochure parue en 2016 (référence dans « Références »), donne 3 règles clés pour lutter contre la pollution de l'air intérieur.

1. Aérer 10 minutes par jour pour renouveler l'air et réduire la concentration des polluants.

2. Ventiler naturellement par des bouches d'aération ou mécaniquement avec une VMC, pour une circulation de l'air permanente dans toute la maison.

3. Identifier les sources de pollution et agir en réduisant ou en éliminant les sources de pollution.

Ouverture sur le sujet

Les 10 meilleurs choix à faire pour la maison

1. Stop au tabac : ne fumez jamais à l'intérieur, même fenêtres ouvertes.
2. Attention aux bougies ou huiles essentielles : on aère en même temps.
3. Arrivée de gaz ? Installer un détecteur de monoxyde de carbone.
4. Groupe électrogène : à ne jamais installer dans les pièces de vie.
5. Ne pas brûler de déchets verts dans le jardin.
6. Réduire le nombre de produits d'entretien pour limiter l'effet « cocktail chimique ».
7. Ne pas parfumer son intérieur avec des diffuseurs ou désodorisants.
8. Garder tous les produits potentiellement dangereux hors de la portée des enfants.
9. Réduire les allergènes en lavant régulièrement les textiles (draps, rideaux, housse de canapé, etc.).
10. Pièces d'eau et cuisine : aérer pour éviter l'humidité et les moisissures.

5 conseils pour refaire une pièce

1. Sortir souvent de la pièce pour respirer un autre air.
2. Aérer autant que possible.
3. Porter des protections adaptées : masque, lunettes, gants, combinaison.
4. Éloigner toujours les enfants des zones de travaux.
5. Choisir des produits sains, comme de la peinture écologique.

Attention !

- Si vous avez une cheminée, il faut la faire ramoner deux fois par an, dont une fois avant le début de la période de chauffe.
- Si vous avez une chaudière à gaz, il faut la faire nettoyer et entretenir au moins une fois par an par un professionnel.
- Si vous avez une VMC, il est fortement recommandé de la faire vérifier tous les trois ans par un professionnel. Si vous êtes locataire, demandez au propriétaire de s'en assurer.

Minute techno

Il est possible d'acheter des ampoules LED connectées qui renferment tout un prisme de couleurs et de les connecter à un capteur de mesure de la qualité de l'air intérieur. Ainsi les ampoules vous avertissent en éclairant rouge, par exemple, si l'air de votre maison est de mauvaise qualité.

règle n° 8

On passe aux produits lavables et durables

couche lavable
gourde
tasse en céramique
torchon
brosse à dents
en bambou

De quoi s'agit-il ?

Vivre dans une société du « tout-jetable », c'est être entouré de produits :
- qui souvent ne durent pas très longtemps faute d'une qualité suffisante ou de ce qui est appelé « l'obsolescence programmée » ;
- qui ont même parfois un usage unique : on les utilise une fois et il faut les jeter !

On prend, on utilise, parfois uniquement quelques secondes, puis on jette. Ces produits, on les utilise bien souvent sans même y penser, ils font partie de notre quotidien et sont censés nous simplifier la vie. Les mouchoirs, les Coton-Tige®, l'essuie-tout, les pailles en plastique, les gobelets...

Réfléchissez et listez le nombre d'objets à usage unique que vous avez utilisés ces dernières 24 heures. La liste va peut-être vous étonner !

Savez-vous combien de temps il faut pour que ces produits se dégradent ? Bien plus que leur durée de vie !
- Un mouchoir... 3 mois
- Un disque de coton... entre 1 et 5 mois
- Un gobelet en polystyrène... 1 000 ans
- Une couche jetable... 400 à 450 ans
- Un sac en plastique... entre 100 et 1 000 ans*

Certains produits contiennent des substances chimiques qui vont polluer la nature, notamment les produits « blanchis » (l'essuie-tout, coton, etc.)

Bien sûr, certains de ces produits se recyclent très bien mais, pour cela, il faut de l'énergie... tout comme il en a fallu pour les fabriquer : la pollution est présente à toutes les étapes du cycle de vie du produit !
Le meilleur déchet est celui qui n'existe pas ! En passant du jetable au lavable, et donc durable :
- vous réduisez le nombre de vos déchets quotidiens, et donc le volume de vos poubelles ;
- vous limitez la demande en énergie pour recycler les produits ;
- vous aidez à protéger les matières premières.

*Sources : ADEIC.

Ouverture sur le sujet

Changer pour du durable, c'est facile ! Les produits lavables sont plus sains pour notre santé et pour la planète, et permettent de réduire nos déchets ! Ils sont aussi de meilleure qualité car prévus pour durer, servir et resservir. Enfin, s'ils peuvent parfois (pas toujours !) être plus chers à l'achat, l'investissement est vite rentabilisé.

15 produits du quotidien pour lesquels une alternative lavable est disponible

Côté salle de bains...

1. Brosse à dents en plastique > en bambou, ou avec tête amovible (on ne change que les « poils », on garde le manche)
2. Les tampons hygiéniques > coupe menstruelle
3. Les serviettes hygiéniques jetables > serviettes hygiéniques lavables
4. Couches jetables > couches lavables
5. Disques de coton > lingettes démaquillantes en tissu
6. Les Coton-Tige® > un oriculi
7. Les lingettes jetables pour bébé > lingettes lavables ou gants de toilette

Côté cuisine...

8. Bouteille en plastique > gourde en Inox
9. Sac en plastique > cabas ou sac en tissu
10. Tasse ou gobelet en carton > tasse céramique ou tasse de voyage
11. Paille en plastique > paille en Inox
12. De l'essuie-tout > torchons ou lingettes absorbantes
13. Du papier cuisson sulfurisé > plaques en silicone
14. Du film étirable transparent > emballages réutilisables à la cire d'abeille
15. Les gourdes de compote jetables > gourdes à remplir soi-même

Contrairement à ce que l'on pense parfois, passer au lavable ne demande pas plus d'efforts, juste un peu d'organisation. Mais c'est comme toutes les bonnes habitudes, au début, il faut réfléchir, puis ça devient très vite un réflexe !

règle n°9

On répare au lieu de jeter

RÉPARONS TOUT !
COLLE

De quoi s'agit-il ?

Nous vivons dans une société de consommation « jetable » : on utilise puis on jette quand on n'a plus besoin ou que le produit ne répond plus à notre demande.

Acheter un nouveau produit pour en remplacer un autre est très simple, notamment grâce aux supermarchés qui proposent de nombreuses références, et aux boutiques en ligne qui mettent à notre disposition des catalogues incroyables.
C'est tellement simple que notre cerveau, partisan du moindre effort, ne se pose parfois même pas la question !

N'êtes-vous pas tenté, parfois, de mettre à la poubelle un objet bancal, abîmé, déchiré ou simplement imparfait ?
Pourtant, une autre voie s'ouvre à vous dans de nombreux cas.

Il est en effet possible de faire durer la vie d'un objet en le réparant, soit nous-mêmes, soit en faisant appel à un professionnel.
Les métiers artisanaux sont souvent oubliés, pourtant ils sont un trésor d'expertise : pensez aux cordonniers, couturières, etc.
Parles-en avec tes grands-parents ou les personnes âgées de ton entourage : il était inconcevable à l'époque de jeter un objet sans avoir au moins essayé de le réparer !

Réparer, c'est éviter un achat (de belles économies en perspective !) et réduire la consommation d'énergie et de matières premières pour la planète.

Et plus vous privilégierez les produits et objets de qualité, plus ils seront facilement réparables. Par exemple, une chaussure en cuir se répare mieux qu'une en plastique !

Ouverture sur le sujet

Connaissez-vous les « *repair cafés* » ?

Ce sont des ateliers itinérants, ponctuels ou installés durablement, souvent associatifs, toujours bénévoles, qui proposent de mettre en relation des « experts de la réparation » et le grand public. Ils sont de plus en plus nombreux dans toute la France et dans le monde entier, et c'est une chance pour éviter de jeter des objets encore utilisables.

Ces ateliers valorisent les rencontres, les partages entre « voisins », sont souvent des tremplins pour l'insertion professionnelle et permettent de faire un bon geste pour la Terre.

Si vous êtes doué pour réparer un certain type d'objets, transmettez votre savoir : se sentir utile est un formidable moteur de confiance en soi et de bonheur ! Plus d'infos : https://repaircafe.org

Une petite boîte pour tout réparer ou presque

Gardez toujours chez vous…

1. Une trousse de couture : bobines de fil, aiguilles, ciseaux.
2. De la colle glue multi-supports (plastique, bois, céramique).
3. Un rouleau de ruban adhésif solide, du « chatterton ».
4. Du tissu thermocollant ou des patchs.
5. Une boîte à outils : tournevis, marteau, clous, pinces, fer à souder, etc.

Ainsi, un pantalon troué au genou peut se réparer avec un patch ou être transformé en un short pour l'été qui arrive, une tasse cassée peut être recollée et une bibliothèque bancale peut être consolidée.

Pensez-y ! Devant un objet cassé, demandez-vous :
- puis-je le réparer moi-même ?
- puis-je le montrer à un professionnel ?
- puis-je le transformer pour l'utiliser autrement ?

En dernier lieu seulement, jetez-le… mais pas n'importe où !
(voir Règle n° 6)

règle n° 10

On donne une deuxième vie aux objets

1 €

De quoi s'agit-il ?

Les objets sont comme les chats : ils ont plusieurs vies ! Bien sûr, en utilisant moins de produits et objets, de meilleure qualité, vous participez déjà à limiter la production de déchets. Bravo !

Il est possible de briser encore un peu plus ce cercle vicieux et infernal de la consommation (on produit, on utilise, on jette) en allongeant la vie des objets et en participant ainsi au développement d'une économie circulaire et responsable.

Les déchèteries débordent d'objets en bon état, et on voit mis aux « encombrants » (dans certaines villes) des objets tout à fait utilisables.

Il est bien sûr normal de ne plus avoir envie ou besoin d'un objet si vraiment on ne l'aime plus du tout ou s'il ne convient plus à notre vie (quand on a déménagé ou grandi !). Mais il n'est pas obligatoire pour autant de le jeter !

Au lieu de jeter un objet, on peut...

- **le revendre** en participant à un vide-grenier de quartier ou en mettant une petite annonce en ligne ;
- le donner à des amis, un membre de la famille ou via une plateforme de dons entre particuliers (comme donnons.org) ;
- **l'apporter chez Emmaüs** qui le mettra en vente à prix solidaire, au profit des compagnons travailleurs ;
- **le troquer** contre un objet qui vous sera utile, lors d'une bourse de troc par exemple ;
- **le revaloriser** : on appelle ça l'« *upcycling* », cela consiste à donner une nouvelle valeur ajoutée à un objet considéré comme bon pour la poubelle, car inutilisable ou usé, en le transformant... Par exemple, faire un sac dans un vieux jean, ou un salon de jardin dans des palettes en bois.

Ouverture sur le sujet

Nouvelle tendance déco : le *homestaging*, résolument écolo !

Marre de cette commode ? Envie de tout changer dans la maison ? Pour éviter de créer des déchets supplémentaires tout en faisant des économies considérables, il est possible de donner un vrai coup de frais à son intérieur en changeant tout... sans rien changer !

Une tendance souvent utilisée pour mettre en vente sa maison, mais pas que !

Le *homestaging* se base sur 3 règles.

1. On garde les meubles et objets, rien de neuf.
2. On les change de place et de pièces.
3. On les relooke (tissu, peinture, etc.).

C'est une récup' facile et à la portée de tous ; laissez parler votre imagination !

5 objets à détourner au lieu de les jeter

1. Un vieux tee-shirt > une éponge tawashi
2. Une caisse de bouteilles de vin > un coffre à jouets
3. Un vieux pneu + un gros coussin > un pouf d'extérieur
4. Une baignoire de bébé > une corbeille à linge
5. Une tasse ébréchée > un petit pot de fleurs

5 idées pour réutiliser une palette en bois (non traitée et poncée !)

1. Une bibliothèque inspiration Montessori
2. Une tête de lit deux personnes
3. Un salon de jardin
4. Une table basse
5. Un sol façon caillebotis

Lisez, donnez !

Certaines bibliothèques et associations seront intéressées, mais les formats « poche », considérés comme trop fragiles, ne sont souvent pas acceptés.

Déposez vos livres lus dans des boîtes à livres (aussi appelées « boîtes à lire ») ; elles fleurissent partout en France.

Le principe ? Posez un livre (ou plusieurs !) et prenez-en si vous le souhaitez.

règle n° 11

On refuse ce dont on n'a pas besoin

De quoi s'agit-il ?

Et si savoir dire « non » était un geste écologique ? Refuser ce qui n'est pas utile c'est le premier pilier des pourfendeurs du « zéro déchet ». En bloquant l'entrée de votre maison à des produits non désirés et non sollicités, vous participez doublement à la réduction des déchets :
- on ne risque pas de devoir jeter à la poubelle ce qui ne rentre pas chez nous ;
- au fur et à mesure les quantités de produits fabriqués vont diminuer car leur écoulement est réduit.

Et en plus de limiter le gaspillage de ressources, on limite l'encombrement et donc le désordre à la maison !
Pensez à tout ce que vous jetez chaque jour et qui ne vous aura servi à rien : les prospectus de la boîte aux lettres, les échantillons offerts dans la rue, le ticket de caisse du supermarché, les produits « format voyage » rapportés de l'hôtel, les petits jouets offerts avec les menus enfants, les « goodies » des foires et salons et même le papier pour envelopper votre baguette !
Ce sont des produits indésirables qui n'ont pas (ou très peu !) de valeur ajoutée et qui ne font qu'encombrer votre intérieur.

Il est aussi possible de refuser des choses qui peuvent, en soi, sembler utiles ou agréables... mais en a-t-on vraiment besoin ? Un meilleur choix est-il possible ?
Par exemple, les enfants ont-ils vraiment besoin de nouveaux jouets pour leur anniversaire ? Ou de ce troisième tee-shirt au prétexte qu'il est offert pour deux achetés ?

Attention, refuser un cadeau de proches peut s'avérer blessant pour eux ! Il convient donc de discuter ensemble, en amont, de votre approche écologique familiale : **vivre mieux avec moins.**

Enfin, les cadeaux créent des liens et rendent heureux, autant celui qui offre que celui qui reçoit : sachez trouver un juste équilibre, ne dites pas non à tout !

Ouverture sur le sujet

10 gestes simples pour limiter les produits indésirables chez soi

1. Coller un autocollant « stop pub » sur la boîte aux lettres.
2. Se désabonner des newsletters électroniques qui ne sont pas lues.
3. Demander l'édition de ses factures au format numérique uniquement.
4. Emporter son dentifrice et son savon à l'hôtel et ne pas toucher aux produits proposés.
5. Choisir de ne pas imprimer de ticket de caisse au supermarché.
6. Garder toujours un sac en tissu dans la voiture ou son sac à main.
7. Ne pas prendre de menu enfant mais un menu de grand.
8. Refuser les échantillons ou brochures à la caisse des boutiques.
9. Acheter en direct et non par correspondance.
10. Parler de ses convictions, remercier tout en restant ferme.

5 idées cadeaux qui ont du sens

On peut offrir ou recevoir de jolis cadeaux qui ont du sens sans encombrer et qui seront impossibles à refuser ! Des alternatives en phase avec vos convictions et qui laissent de beaux souvenirs.

1. Une sortie dans un parc d'attraction
2. Une soirée restaurant en famille
3. Une séance de massage ou de soins
4. Un bon pour du baby-sitting
5. Un abonnement au cinéma ou au musée

Tuto : trousse de dignité

Si vous avez dans votre salle de bains des échantillons de produits d'hygiène ou des produits « de voyage » dont vous ne vous servez pas et que vous conservez sans oser les jeter, vous avez raison !
Composez des petites « trousses de dignité » et offrez-les aux personnes sans abri de votre commune : paquet de mouchoirs, savon, dentifrice, rasoir, Coton-Tige®, etc. dans une petite pochette.
Quitte à produire des déchets, autant que ce soit utile !

règle n° 12

On réduit nos déplacements polluants

De quoi s'agit-il ?

L'air est indispensable à la survie de notre espèce... et à celle de tous les êtres vivants – animaux et végétaux –, de la Terre ! C'est un bien commun qu'il faut préserver et protéger pour aujourd'hui, mais aussi pour l'avenir. **De la qualité de l'air que nous respirons dépend notre santé, en particulier pour les personnes les plus fragiles, les enfants, les personnes âgées ou malades.**

Nous vivons à une époque où il est vraiment simple de nous déplacer, que ce soit dans notre ville, dans notre pays, ou même partout ou presque sur la planète. C'est facile et rapide, mais souvent polluant !

On l'oublie souvent, mais il est utile de se rappeler que la plupart du temps, **quand un moyen de transport nous semble très rapide, c'est qu'il est polluant, car il faut de l'énergie pour assurer cette vitesse.**

Il existe un grand nombre de modes de déplacement à notre disposition ; il est vraiment important de réfléchir à notre impact environnemental lorsque nous choisissons l'un ou l'autre d'entre eux.
Si parfois nous n'avons pas le choix, comme lorsqu'il faut traverser un océan, il est quand même possible, au quotidien, de réduire la pollution atmosphérique que nous provoquons avec des moyens de transport plus « propres ».

Il faut aussi se rappeler que la fabrication et l'entretien de moyens de transport créent des déchets, et donc de la pollution.

Pour les petits déplacements

- La marche à pied
- Le vélo, la trottinette
- Le tramway
- Le bus
- La voiture

Pour les longs trajets

- Le TGV
- La voiture électrique
- L'avion long courrier
- L'autocar
- La voiture essence

Faites le test !

Sur le site de l'ADEME, comparez l'impact de vos déplacements pour trouver le mode de transport qui vous convient le mieux tout en respectant l'environnement : http://quizz.ademe.fr/eco-deplacements/comparateur/

Ouverture sur le sujet

Vive le vélo !

En France, selon l'ADEME, ce ne sont que 2 % des déplacements qui se font à vélo ! Au Danemark, ce mode de transport est roi : dans le code de la route, les cyclistes sont prioritaires sur les automobilistes, et même sur les piétons. Par rapport à la voiture, le vélo est bien sûr beaucoup plus propre et abîme moins les infrastructures. Les routes restent en meilleur état plus longtemps et l'air est beaucoup moins pollué… et moins bruyant !

Quelques chiffres dont il faudrait s'inspirer :
- 9 Danois sur 10 ont un vélo ;
- 5 fois plus de vélos que de voitures à Copenhague, la capitale ;
- près d'un enfant sur deux va à l'école à vélo ;
- chaque année à Copenhague plus d'un million de kilomètres sont parcourus à vélo*.

3 bonnes idées en voiture

1. Réduire sa vitesse et assouplir sa conduite.
2. Faire du covoiturage.
3. Investir dans un modèle hybride ou électrique.

Le saviez-vous ?

Il est possible de connaître chaque jour la qualité de l'air extérieur dans votre région et votre département. En fonction de la note et de la couleur de la journée (de vert à rouge et de 1 à 10, de l'air le plus respirable au moins respirable) vous pourrez adapter vos déplacements extérieurs, les réduire ou modifier votre moyen de transport.
Fédération des associations de surveillance de la qualité de l'air – http://www.atmo-france.org/

Vous pouvez aussi tester votre ville pour savoir si l'air extérieur est de bonne qualité selon les critères de l'Agence de l'air européenne sur http://airindex.eea.europa.eu/

En cas de pic de pollution extérieure limitez vos déplacements, ne sortez pas l'après-midi et ne faites pas d'activités sportives, surtout avec les enfants, qui sont plus fragiles.

*Source : Le livre du Lykke, Meik Wiking, *First, 2018.*

règle n°13

On suit le rythme des saisons

De quoi s'agit-il ?

Le confort moderne, notamment le chauffage dans toutes les pièces de la maison, et la mondialisation des échanges commerciaux nous font parfois oublier que **nous vivons selon un cycle naturel de quatre saisons.**

Quand la vie quotidienne était « locale » et non « globale », les saisons étaient des repères, des cycles à respecter et contre lesquels rien ne servait de se battre.
En nous éloignant de la nature dans nos modes de vie, en particulier urbains, beaucoup d'entre nous ont oublié que ces saisons étaient toujours immuables. On voudrait leur tordre le cou et avoir ce qu'on veut toute l'année !

La mondialisation de la consommation nous permet facilement de tricher avec les saisons. Il suffit de vous rendre au supermarché et de lire les pays d'origine de la plupart des fruits et légumes. Hé oui, c'est toujours l'été quelque part !
Il faut également être attentif aux conditions de culture : est-ce qu'une « fausse saison » a été artificiellement recréée sous serre, à quelques kilomètres de chez vous, pour faire pousser ces kiwis ? Quel impact sur l'environnement ?

Respecter les saisons, c'est lâcher prise et accepter qu'on ne peut pas tout avoir toute l'année : le soleil, la chaleur, la neige, les fraises ou les avocats.

C'est aussi apprendre à tirer le meilleur de chaque saison autour de nous pour être plus en harmonie avec la nature et apprendre à la respecter.
Par exemple, l'hiver est pour la terre, les plantes et les animaux une période de repos : acceptez, vous aussi, d'« hiberner » si vous en avez besoin !

Ouverture sur le sujet

8 conseils concrets pour suivre les saisons

1. Accepter de mettre un pull chez soi en hiver (et limiter le chauffage !).
2. Regarder l'origine des fruits et légumes et consommer local.
3. Faire entrer un maximum de lumière naturelle chez soi.
4. Célébrer le passage des saisons en famille.
5. Au restaurant, ne prendre que des plats de saison.
6. En hiver, ralentir et cocooner en famille.
7. Cueillir et récolter en pleine saison, puis congeler ou mettre en bocal.
8. Installer une table des saisons avec des objets et éléments naturels.

Les fruits et légumes de saison

Les fruits et légumes locaux et de saison sont plus riches en vitamines !

PRINTEMPS

Pomme, citron, kiwi,
fraise, rhubarbe
Laitue, carotte, endive,
asperge, artichaut, radis rose

ÉTÉ

Abricot, pêche, myrtille,
framboise, melon, cassis, prune
Tomate, courgette, haricot vert,
poivron, concombre, petit pois

AUTOMNE

Coing, châtaigne, noix,
figue, raisin, poire, datte
Maïs, citrouille, potiron, potimarron,
panais, topinambour, cèpe

HIVER

Clémentine, orange,
citron, pamplemousse, noix
Poireau, navet, choux vert
et rouge, céleri, betterave

Le saviez-vous ?

Au Danemark, on célèbre autour d'un feu de joie le Solstice d'été, le 21 juin, le jour le plus long de l'année. Dans ce pays scandinave, on sait à quel point le soleil et ses rayons sont précieux !

règle n° 14

On respecte la nature

De quoi s'agit-il ?

Respecter, c'est avoir de la considération mais aussi ne pas porter atteinte, ne pas abîmer. **Traiter la nature avec respect, c'est accepter que nous fassions partie d'un tout bien plus grand que nous,** d'un écosystème qui existait avant nous, et que nous devions le protéger pour que nos enfants puissent aussi s'y épanouir.

Respecter la nature, c'est ne pas être égoïste et prendre en considération l'environnement naturel quand nous prenons des décisions et faisons des choix. Il s'agit de faire preuve d'humilité et de savoir créer une harmonie entre soi et le monde naturel.

En ville, la nature est rare et les aménagements urbains ne la respectent pas souvent : on coupe un arbre qui va gêner des travaux de voirie, on arrache les « mauvaises herbes » qui osent pousser dans les fissures du trottoir... Pourtant, pourquoi la nature n'aurait-elle pas le droit de s'épanouir et de grandir ?

La planète ne nous appartient pas et nous devons être reconnaissants de ce qu'elle nous offre : nous devons remarquer ses bienfaits, nous devons les respecter et nous assurer qu'ils perdurent et que nos actions ne sont pas nuisibles, à court ou à long terme.

Concrètement, respecter la nature au quotidien c'est réfléchir à son impact global sur l'environnement et agir de manière à ne pas l'abîmer. C'est même aider la nature à jaillir autour de nous.

En apprenant à apprécier la beauté de la nature, on apprend à nos enfants à respecter l'environnement et à avoir envie d'en prendre soin.

Ouverture sur le sujet

8 gestes pour respecter la nature au quotidien

1. On jardine sans produits chimiques.
2. On ne coupe pas de fleurs sauvages.
3. On n'arrache pas de feuille, de branche ou d'écorce.
4. On ne chasse pas, on ne tue pas les abeilles.
5. On ne donne pas de coup de pied dans les fourmilières.
6. On ne rapporte pas de sable ou de galets de la mer.
7. On ne laisse aucun déchet derrière soi.
8. On ne fait pas de feu dans la forêt, on ne jette pas de mégot.

Le respect mène au bonheur !

Vous connaissez le *shinrin yoku* ? C'est l'art japonais du « bain de forêt » qui promeut l'harmonie avec la nature et son respect le plus complet : la nature est vénérée, honorée, comme sacrée. Se promener en forêt, en pleine conscience, nous aide à nous sentir mieux et a des effets sur la santé prouvés scientifiquement !

À faire en famille...

Allez en forêt pour marcher, vous ressourcer, sans téléphone portable, sans musique ni perturbations technologiques. Soyez ensemble, au cœur de la nature. Faites appel à tous vos sens :
- touchez les arbres, caressez les végétaux ;
- asseyez-vous et écoutez les bruits ;
- respirez et sentez les odeurs fraîches et fortes ;
- fermez les yeux quelques instants puis rouvrez-les pour voir vraiment la nature ;
- ramassez des baies, champignons ou châtaignes pour les goûter chez vous.

Observez vos sensations et remarquez comme votre énergie est positive !

règle n°15

On s'engage pour la planète

TRIONS NOS DÉCHETS
JETONS MOINS
RECYCLONS
TOUS ENSEMBLE

De quoi s'agit-il ?

Une règle qui pousse à sortir de la maison !
Quel que soit notre âge, il est important de s'engager pour l'avenir de la planète. Chacun à notre mesure nous pouvons participer et devenir éco-citoyen(ne).
Personne ne peut tout faire, mais tout le monde peut faire quelque chose !

Parfois, on se dit que ce n'est pas juste, que ce n'est pas normal d'en faire toujours plus, et que certains ne font rien. C'est vrai, mais n'oubliez pas que vous ne le faites pas pour eux, mais pour vous et les futures générations ! Chaque geste écologique est un acte de bonté envers la planète.

Il existe plein de façons différentes de s'engager pour l'environnement, de prendre le parti de notre planète, si fragile et qui subit tant et tant d'assauts.

On peut...
- **transmettre nos connaissances** sur la réduction des déchets, le recyclage, etc. ;
- **en parler autour de nous,** au travail, à l'école, et montrer comme c'est facile ;
- **adhérer à une (ou plusieurs) association** de sauvegarde de l'environnement, ou à une association caritative dans le domaine de l'économie circulaire ;
- **soutenir financièrement** (ou en faisant des dons en nature) des associations écologiques.

Mais comme c'est le cas dans tous les domaines, **la meilleure manière d'agir pour la planète, c'est de donner l'exemple.** Agissez comme vous souhaiteriez voir les autres agir, faites ce que vous aimeriez que les autres fassent. Par exemple, ramassez un papier ou du plastique par terre et jetez-le à la poubelle.
Soyez un modèle et vous inspirerez les autres autour de vous.
Les petites actions qui paraissent souvent insignifiantes s'accumulent et, par effet de ricochet, changent les choses.

Ouverture sur le sujet

5 idées pour faire la différence en famille

1. Décider de donner 10 % de son argent de poche chaque mois à une association.

2. Se déplacer à pied ou en vélo autant que possible (pour aller à l'école, au parc...).

3. Ramasser chaque jour un détritus dans la rue, dans l'herbe, dehors.

4. Participer aux « journées citoyennes » de nettoyage (berges de rivière, parc, plage...).

5. Faire un exposé à l'école sur le recyclage ou le compostage.

Ailleurs dans le monde

Une belle anecdote solidaire !

En Inde, à Bombay, un homme a décidé de ne pas accepter la pollution de la grande plage de Versova, une des plus grandes plages du pays ! Il a donc commencé à la nettoyer tout seul, à la main. Une entreprise immense, mais il a persévéré.

Son exemple a inspiré d'autres citoyens, et il a peu à peu été rejoint par d'autres bénévoles.

Ensemble, à la force de leurs bras, ils ont enlevé plus de 4 000 tonnes de déchets de la plage. Là où on ne voyait plus qu'une énorme épaisseur de plastique, d'emballages et autres détritus, aujourd'hui on voit le sable et les gens peuvent s'asseoir, jouer et se baigner.

Afroz Shah, avocat, a été récompensé par l'ONU pour son geste : il a été nommé « Champion de la Terre ».

Quand on est seul, certains défis semblent fous, certains obstacles insurmontables. Mais à plusieurs, on va plus loin, et tout devient possible !

Source : http://web.unep.org/championsofearth/laureates/2016/afroz-shah

Références

POUR LES PETITS

Livres

La légende du colibri, Denis Kormann, Actes Sud Junior
Les saisons, éditions Milan
L'écologie, coll. « Mes p'tites questions », éditions Milan
Demain entre tes mains, Cyril Dion et Pierre Rahbi, Actes Sud Junior
Gare au gaspi, Geneviève Rousseau et Estelle Meens, Mijade éditions
Voyage au pays du recyclage, La Martinière Jeunesse
Protégeons la planète, Imagerie Fleurus
Où va l'eau, Jeanne Ashbé, Pastel

POUR LES GRANDS

Livres

Les épluchures : Tout ce que vous pouvez en faire, Marie Cochard, Eyrolles
Notre aventure sans frigo ou presque, Marie Cochard, Eyrolles
Menus zéro déchet, Amélie Roman, Mango Green
Créations zéro déchet, Camille Binet-Dezert, Mango Green
Zéro Déchet, Béa Johnson, Les Arènes

Sites internet (études, brochures, comparateurs)

AntiGaspi
http://agriculture.gouv.fr/antigaspi

Centre d'information sur l'eau
https://www.cieau.com

ADEME – Agence de l'environnement et maîtrise de l'énergie
http://www.ademe.fr/

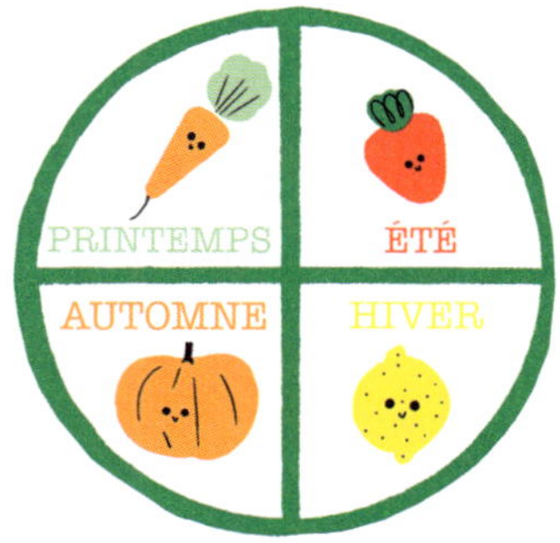

Association zero waste France
https://www.zerowastefrance.org/fr

Observatoire citoyen des biodéchets
http://biodechets.org/

Compostage
http://www.compostage.info/

Association Santé Environnement France
http://www.asef-asso.fr/productions/minis-guides/

Blog – *Je deviens écolo*
https://www.jedeviensecolo.fr/

Guide UFC que choisir sur les cosmétiques
https://www.quechoisir.org/decryptage-produits-cosmetiques-telechargez-notre-carte-repere-des-molecules-toxiques-n11449/

Guide de la pollution de l'air intérieur INPES
http://inpes.santepubliquefrance.fr/CFESBases/catalogue/pdf/1187.pdf

DGAC - Calculateur d'émissions de CO^2 de l'aviation civile
http://eco-calculateur.aviation-civile.gouv.fr/

Moteurs de recherche écolo

Ecosia www.ecosia.org
Ecogine https://ecogine.org/
Lilo https://www.lilo.org/fr/

Documentaires

Demain, de Cyril Dion et Mélanie Laurent
Pierre Rabhi, au nom de la terre, de Marie-Dominique Dhelsing
Une vérité qui dérange, de Davis Guggenheim
Food, Inc., de Robert Kenner
Nos enfants nous accuseront, de Jean-Paul Jaud

POUR TOUTE LA FAMILLE

S'inscrire à des défis écologiques
http://www.familles-a-energie-positive.fr/

Guide pratique en ligne pour économiser l'eau
http://www.ademe.fr/sites/default/files/assets/documents/guide-pratique-economiser-eau-energie.pdf

Les aventures d'une famille
Une Famille presque zéro déchet
- Pour les parents : *Ze Guide*
- Pour les enfants : *Ze mission*

Appli antigapsi : Too good to go (iOS et Android) localise autour de vous les magasins partenaires et vous permet d'acheter en ligne (et de réserver) et à moindre coût un lot alimentaire qui aurait été jeté.

Un documentaire grand public : *Home* de Yann Arthus-Bertrand

Jeux de société

La collection « Défis Nature », écoconçue et fabriquée de manière responsable en France. Présente de nombreux thèmes du monde vivant : les arbres, les animaux, la forêt, les insectes, etc. Chez Bioviva. À partir de 4 ans.

Sauve ta planète, le jeu de l'environnement, jeu de société participatif, Topi Games. À partir de 8 ans.

Specific, jeu de société ludo-pédagogique autour des animaux et de leur environnement, GMSP. À partir de 6 ans.

Planète Terre – Questions ? Réponses !, jeu de cartes avec différents niveaux de difficulté, Nathan. Pour toute la famille.

Terrabilis – Le monde de demain se joue avec vous, jeu de société semi-coopératif autour des grandes questions écologiques et de l'avenir de la planète, Sly Frog Games. À partir de 10 ans.

Il était une forêt, jeu de cartes interactif basé sur le documentaire de Luc Jacquet, Opla. À partir de 6 ans.

Secoury et le développement durable, jeu de 7 familles et quiz, Abeille éditions. À partir de 7 ans.

Secoury et la biodiversité, jeu de 7 familles et quiz, Abeille éditions. À partir de 7 ans.

De nombreux jeux et jouets à la fabrication respectueuse de l'environnement sur www.maman-naturelle.com

Remerciements

Merci à Aude de m'avoir entraînée sur le chemin des couches lavables et de la réduction des déchets à la maison.

Merci à mon mari de n'avoir pas trop levé les yeux au ciel en voyant mes bocaux, les lingettes lavables et le vinaigre dans la cuisine.

Merci à ma Grand-Maman, qui n'est plus là, pour m'avoir laissé les souvenirs de sa façon de vivre, quand à l'époque on ne savait pas ce qu'était le suremballage ni l'huile de palme. Je me souviens de ses pains de savon, de ses piles de sacs en papier réutilisables et de ses carafes d'eau – j'espère que mes petits-enfants se souviendront un jour de toutes mes manies.

Merci enfin à mes enfants de me donner chaque jour envie de faire ma petite part pour la planète, et de me pousser toujours plus loin avec leur regard neuf et créatif.

Merci à toutes celles et ceux qui font la leur, aussi insignifiante en apparence soit-elle : ensemble, nous irons plus loin !

Dans la même collection :

Du même auteur :

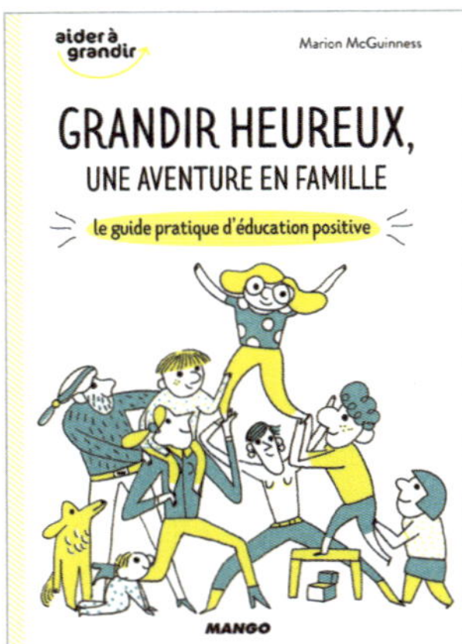

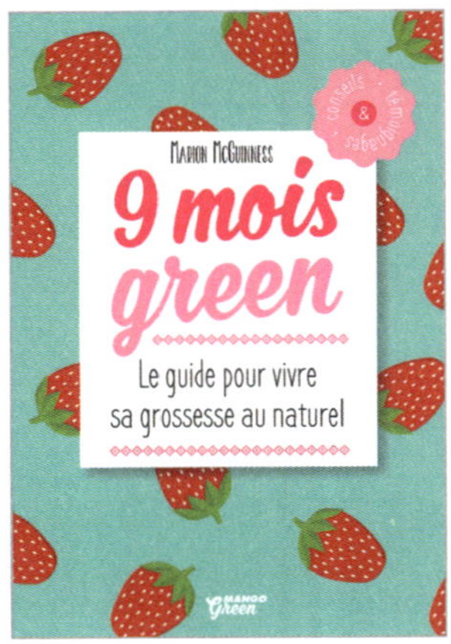

Direction : Guillaume Pô
Direction éditoriale : Tatiana Delesalle
Édition : Aurélie Cazenave
Direction artistique : Chloé Eve
Mise en pages : Amélie Garcin
Direction de fabrication : Thierry Dubus
Suivi de fabrication : Axelle Hosten
1re édition - N° d'édition : M18157
ISBN : 9782317018763 / Code MDS : MN00006
Achevé d'imprimer en juillet 2018 par Graphycems en Espagne

Dépôt légal : août 2018 / www.mangoeditions.com

MIXTE
Papier issu de sources responsables
FSC® C007507

Cet ouvrage est imprimé sur papier certifié FSC (Conseil de Soutien de la Forêt), produit à base de fibres de bois issues d'une gestion forestière écologiquement appropriée, socialement bénéfique et économiquement viable.
Les encres utilisées sont des encres végétales, garantissant la démarche de développement durable de l'éditeur et de l'imprimeur.